JN438401

작은 나의 기쁨

조혜식 제19시집

오늘의문학사

국립중앙도서관 출판시도서목록(CIP)

작은 나의 기쁨 : 맑은 영혼의 울림 : 조혜식 시집 /
지은이 : 조혜식. -- 대전 : 오늘의문학사, 2014
p. ; cm

ISBN 978-89-5669-605-8 03810 : ₩10000

한국 현대시[韓國 現代詩]

811.7-KDC5
895.715-DDC21 CIP2014008840

작은 나의 기쁨

책을 펴내면서

시를 사랑하며 좋아하는 분들과 만나고 싶습니다.

2010년 4월에 총 열여덟 번째 시집을 발간한 후,

2014년 봄에 열아홉 번째 시집을 발간합니다.

20여 년간 [엽서문학]에서 발표한 시와

근래에 공부한 시를 모아서 출간합니다.

아직도 미흡하지만, 따뜻한 이해로 보아주시면 고맙겠습니다.

2014년 3월

저자 조혜식

❧ 목차

1부 그리운 어머니

2부 사랑하는 조국이여

3부 인생과 나의 문학

4부 갈대가 나는 좋아

5부 자연의 참모습 되찾자

6부 한 세상 사는 것이

1부

그리운 어머니

1978년 가을
친정 어머니의 모습

우리 어머니

자상하던 어머니는
훤칠한 키에 깔끔하셨다.

똑바른 가르마에
반질하게 얌전히 머리 빗어
반듯한 쪽을 찌고
한복을 단정히 입으셨다.

엄격하고 예의 깊어
강직한 기품이 돋보이고
항상 한국미 넘쳐흐르는
우아한 여성이셨다.

어머니 솜씨

보리밥에 된장찌개, 오곡밥에 나물 반찬, 송편과 찹쌀떡, 시원한 칼국수 솜씨, 맛깔스런 음식의 맛, 오빠는 우리 어머니 솜씨가 으뜸이라 하였네.

명주에 노랑 분홍물 들이고 풀 먹여 다듬이질하여 치마저고리 곱게 지어 날아갈 듯 입혀 주시던 손길, 어머니 바느질 솜씨, 그 누가 따르랴.

어둑한 그 시절 동네 까막눈 아낙네들, 군에 간 아들에게, 시집 간 딸에게, 멀리 친정어머니께, 너도 나도 편지를 써 달라며 어머니 괴롭히던 그 시절.

어머니 이름

젖 먹던 아기 시절, 가물가물 추억 속에 어머니 젖 먹으며 눈과 눈이 마주칠 때 고맙기 한량없어 입 속에서 웅얼웅얼 "음마, 음마!"

나뭇잎이 흔들려도 신기하고, 꽃잎이 바람에 떨어져도 눈물이 나던 시절이 있었지. 오늘은 소녀의 마음이 되어 불러 보고픈 "엄마, 엄마!"

저녁노을에 지난일 되새기면, 집 나간 오빠 동생 생사조차 알 길 없어 꿈에 그리다 먼저 가신 어머니. 이제 그리움으로 부르는 "어머니, 어머니!"

바느질 하던 날

살아생전 호강 한 번 못해 보신
가엾은 우리 어머니
내 저고리 꿰매시며
조근 조근 하시던 말씀.

"너도 하루 빨리
한복 짓는 법 배워
시부모님 옷 해드려야지!"
"너는 밤낮 양복만 걸치느냐?"

바늘에 흰 실을 길게 꿴 어머니
가슴 뭉클, 눈시울 적신 날
이 몸도 엄마가 되니
그리움이 더 깊어진다.

결혼할 때 어머니는

어머니와 처음 인사하던 그이
사위 손을 꼭 감싸주시던
사랑 많으시던 어머니
나는 어머니의 소매 끝만 바라보았지요.

어머니의 닳은 소매 끝에는
지난 세월들이 묻어 있었어요.
어머니의 그 세월을 기억하며
나는 어머니 곁을 지키고 싶어요.

어머니의 삶

좋아도 좋은 기색 없고
슬퍼도 슬픈 내색 않고
대소사에 침착하며
괴로워도 꺾임이 없는
대범한 성품이었다.

생사 모르는 두 아들
평생 가슴에 묻고
만고풍상 되씹으며
살아오신 우리 어머니

좋으면 좋은 대로
슬프면 슬픈 대로
없으면 없는 대로
운명 앞에 순응하며 사신
보람된 삶이었다.

옛집

찾아온 고향 집은
울도 담도 간 데 없고
적막이 세월을 휘감는다.

허허로운 빈터 되어
한 그루의 배꽃이
외로운 미소로 나를 반긴다.

아득한 시간 저 편에
변할 대로 변해 서성이다
빈 뜨락에 내려앉은
내 유년의 기억

어머니의 구성진 노랫가락이
바람결에 들린다.

한과 슬픔

내 어머니는 이십대 젊음을 청상과부 못지않게 긴긴 독수공방 벗을 삼고 이해하기 어려운 할머니 성화에 호된 시집살이를 하셨네.

내 어머니는 남들은 손자 안고 재롱 즐길 때 허공에 소식 없는 아들 그리며 긴긴 세월을 기다림으로 속울음 삼키며 인내와 의지로 견디셨네.

내 어머니는 삶의 절반을 다른 여인에게 빼앗기고 마른 가슴에 숯덩이가 되어 한 많은 세월을 고독으로 뼈를 깎는 아픔 안고 사셨네.

마지막 가시던 날

사방이 탁 트인 가덕공원묘지에 어머니 마지막 가시던 길, 고이 모시고 돌아와서 통곡하였다.

이 눈물이 어머니의 눈물일까, 못 다한 불효 여식의 눈물일까, 이 절규가 만남의 끝이라면, 이제 난 어디로 가야 하나. 어머니가 누워 계신 옆 산엔 소나무 참나무 푸르게 어우러지고, 지나는 바람 이름 모를 들꽃도 어머니의 다정한 친구 되었다. 믿음 크셨던 우리 어머니, 천국으로 가셔, 이제 편히 쉬고 계시겠다.

슬픈 마음 끝이 없고, 가슴 너무 아파도 무정하고 허허로운 찬바람은 다시 나의 곁을 스칠 뿐이다.

달빛이 되신 어머니

언제부터 저렇게 하늘 높이 떠
허공을 찬란하게 채우는 신비,
그리운 우리 어머니는
고운 달빛이 되었어라.

굴곡의 한 서린
서럽고 비참했던 칠십 평생,
무겁게 짖었던 운명의 일생
대범하고 훌륭하셨던 어머니.

숨차게 달렸던 짧은 생애는
그리운 전설만 남기고
은하수 곱게 걸린 밝은 하늘에
슬픈 달빛이 되었어라.

그리운 어머니

젊어 고생만 하시던 어머니
평생 아픈 삶 사시더니
끝내 위암으로 돌아가셨어요.

천당에 계신 우리 어머니

오늘따라 유난히 보고 싶어
어머니 사진 한 장 꺼내놓고
다시 만지다가 울먹인다.

부모가 되어 보니

어버이날에 고사리 같은 손으로 카네이션을 만들어 달아주던 아이들 모습을 보니, 오늘 따라 부모님이 보고 싶다.

매년 5월이 되면, 더욱 생각나는 부모님, 살아 계실 때 왜 좀 더 잘 해드리지 못했을까? 후회한들 무엇하리.

너도 어른 되어 자식 한번 키워보라는 부모님의 그 때 그 말씀, 이제 부모가 되어 조금은 알 것 같다.

어머니 일생

정과 사랑이 넘치는 어머니, 나약해 보이나 더없이 강인하고, 빈 가슴이나 여유 있는 삶, 가진 것 적어도 넉넉한 마음, 천하를 노래하며 자식 위해 기도하며, 대자연의 아름다운 신비를 감상하기 좋아하셨던 어머니, 순수한 어머니의 일생이었다.

웃음보다 외로움이 많았던 어머니, 기쁨보다 슬픔이 많았던 어머니, 갠 날보다 흐린 날이 많았던 어머니에게 주어진 힘겨운 날들, 긴장된 마음으로 살아온 일생, 어머니는 어둠을 밝히는 달빛, 나누어도 흐려지지 않아 우주를 비추는 달빛이었다.

보고 싶은 어머니

국화 꽃잎 하나 둘
쓸쓸히 떨어져 뒹구는데
오늘 따라 하늘나라 가신 어머니
너무너무 보고 싶네.

철없던 젊은 시절
교단생활 엮어 갈 때
내 아이 넷 키우시랴
고생 많이 하셨던 우리 어머니

하늘 우러러 목매어 불러 보네.
가을비 주룩주룩
아픈 가슴 흠뻑 적실 때
천국에 가신 어머니.

당신의 날개

당신의 젖가슴에서
살 오르던 어린 새 한 마리

힘이 절로 생겨
어느새 날개 달고 올랐다.

옛 둥지 쓸쓸히 비어 있어
어린 새 누웠던 자리

따순 눈물로 다독이며
그 옛날 듣던 날개 소리.

회색빛 도시 뒷골목
어디쯤에 깃드셨을까.

한가위 명절은
멀지 않았는데.

모정

바스러진 흰 머리
굵은 주름살

엉성한 틀니 끼우셔
말씀이 흐리지만

성경책 앞에 놓고
기도하시던 어머니

절절한 당신의 뜻
끝간 데가 없어라.

부지런하시던 어머니

엄동설한 추운 겨울
어머니는
딸의 식구들 위해
정성 깃든 조석 지으려
장독으로
김치광으로
정말 부지런하셨다.

철없던
지난 시절 그려보니
어머니 생각
너무 간절하고
그 은혜 태산보다 높다.

비오는 날의 어머니 생각

회색빛 어둔 구름 흐르더니 주룩주룩 비가 내린다. 산야에, 화단에, 지붕 위에 내린다. 적시면 적실수록 하늘나라에 먼저 가신 어머니, 젊으셨을 때 너무도 대범하셨던 어머니가 그립다. 뜨겁게 간절하다.

하염없이 내리는 슬픈 빗줄기
시린 나의 영혼을 차갑게 적신다.

이십년의 세월이 훌떡 지났지만 한결같이 보고 싶어 잊지 못해요. 평생 고생만 하셨던 우리 어머니, 6 · 25때 사라진 아들 둘의 생사를 몰라, 마지막 돌아가실 때 눈을 감지 못하시던 불쌍한 어머니.

새벽기도

친정어머니 편찮으셨을 때
자주 하시던 말씀.
사람은 첫째 착하게 살아야 하고
주 안에서 이웃을 사랑해야 하고
없는 이 보면 도와주며 살아야 한다고.

30년간의 교직생활 돌이켜 보면
어머니의 은혜를 너무 많이 입었다.

어머니는 항상 성경책을 가까이 하시고
주님의 성령이 충만하셨다
주님! 제가 하는 일도 모두 도와주소서!
주님이 주시는 참된 평화가
마음속에 넘치도록 하소서!

공원묘지

층층 자리한 가덕공원묘지
옆 산에서 순서 없이 날아온
붉은 단풍잎
서산 노을빛이 타는
조용한 어머니 유택
줄줄이 누워 있는 묘지
땅 속 자연의 집
얼마나 외로우실까.

이제 울어본들 소용없는 일
하늘나라 가신 지 20여 성상.

2부

사랑하는 조국이여

2008년
언니, 동생 부부와 함께
강원도 소양강댐
인공폭포 앞에서

조국 통일

아름다운 이 땅이 하는 말
영원한 자연을
말없이 가꾸라 하네.
하늘이 우리 보고 하는 말
우러러 세상을 크게 살라하네.

지금은 가릴 것 없이
그 모두 사랑할 때.

지난 일 모두 잊고
같은 핏줄, 형제자매 얼싸안으라네.
우리 서로서로 손잡고
조국통일 이룩하여
태극 깃발 날리라네.

우리 조국

찬란한 태양 높이 솟아
이 강산 온 누리
아름답게 비춰라.

삼일절 다가와
집집마다 태극 깃발
바람결에 펄럭이고

나라 위해 목숨 바친
말없는 조상들이
남겨놓은 교훈이다.

사랑하는 조국이여

평화가 넘치는 터
흐르는 강물 위
보랏빛 물보라
찬란한 불꽃으로
타오르는 조국이여!

꿈 많은 이 땅에
은혜로움 가득가득
손에 손 마주잡아
환한 세상 열고 싶어

가슴과 가슴으로
문화를 갈고 닦아
경제력 다져가며
강대국 이루리라
사랑하는 조국이여!

영광된 우리나라

수많은 외침과 국난을 슬기롭게 극복한 우리나라. 이제 한국인으로 사는 것이 기쁘니, 진실한 자세로 인정이 넘치는 밝은 사회 만들어, 힘 모아 애국하고 뜻 모아 잘사는 우리나라 이룩하자.

삼천리 금수강산, 빛나는 유구한 역사와 찬란한 문화 전통을 굳건히 이어온 우리 민족의 저력으로 이제 우리나라도 유엔회원국이 되었으니, 통일되는 지름길도 멀지 않았어라.

태양이 솟는 조국

어둠을 거두는 태양이 솟는다.
새 아침이 밝는다.
빛나는 태양, 그 아래
새롭게 태어난 우리
움츠렸던 나무마다
새롭게 꽃이 피고
하늘은 더욱 높아
고운 새들도 기쁨을 노래하리라.

눈부신 발전의 우리 조국
서두르지 않아 넘어짐 없고
지치는 일도 없으리라,
멈추지 않고 앞으로 간다.
모두가 자유 누리고
누구나 평등,
언제나 평화
넘치는 큰 사랑으로 땀 흘리리.

믿음의 나라

빛나는 아침 햇살처럼
밝은 웃음으로
믿음으로 이룩한
튼튼한
우리나라에서
믿음이란
두 글자 가슴에 달고
믿음이란 이름으로
믿음의 우리나라에서
모두 마음 편히 살리라.

믿음으로 사는 사회

오대양 육대주, 세계는 200여 개국이다. 많은 나라 있어도, 아름다운 우리나라 삼천리 금수강산이 더욱 크게 성장하리라. 작은 일 하나에도 정성을 기울여 최선을 다 하리라. 밝은 웃음 가득, 살아가는 이웃들, 기쁨은 나누고, 사랑은 더하리라.

이 땅의 바른 삶은
더욱 더 넉넉하고
21세기 새날 새아침
믿음으로 소중한 소망.

민족의 힘 모으자

지난 날 역사의 흐름, 영광도 환희도 있었지. 우리 민족의 자긍심도 보였고, 역사에 지울 수 없는 오점과 갈등, 심화되는 응어리, 실망과 분노는 과거 속에 묻고 모두 하나 되어 힘을 뭉치자.

이제 조국통일 향해 전진, 또 전진해 나가야지. 어디를 가도 깨끗하고 편안한 살기 좋은 사회 되게 힘쓰고, 모든 국민이 성실히 일 하고, 위대한 선진국 되도록 모두 합심하여 힘을 모으자.

살 만한 세상이네

편안히 앉아서
외국에 사는 딸들과
일상의 말들을 빠짐없이
나눌 수 있는 세상 되었으니.

아침은 대전 집에서
점심은 서울 아들 집에서
저녁엔 부산 친구 만나고
밤에는 제주도에 관광 왔으니.

스위치 하나만 누르면 밥이 되고
스위치 하나만 누르면 설거지 되는
첨단 과학으로 부엌일 마치고
편안하게 살 수 있으니.

꿈에 가본 나라

꽃구름에 올라앉아
별나라로 날아갔다.

유성이 흐르는 나라에
바람 타고 몸이 날아올라
달나라에 올라갔다.

밝고 아름다운 나라
조각배에 몸을 싣고
바다 속에 들어갔다.

산호가 있는 신비로운 나라
꿈에 초대 받아
거북이 등에 타고
맑고 깊은 수궁에 들어갔다.

우리나라 사랑하리

그 많은 어려움도
인고로 이겨낸 우리 민족

줄기찬 역사 속에
깨끗한 단일 민족

자연 환경을 가꾸고 보호하여
푸른 숲 조성하여

근면 성실 한결같은 자세로
우리나라 아름답게 만들리.

순수하고 욕심 없는
백의민족 부지런한 일손들.

아름다운 이 땅에서

우리가
푸르른 벌판일 때

이슬은 풀잎에 맺혀, 찬란한 햇살 받아 풋풋한 풀내음 가득 차고 생의 기쁨 한없이 반짝인다.

우리가
넘실대는 바다일 때

달빛은 교교히 비춰 은빛 파도 저 너머 외로운 섬 날으는 새들에게 고운 꿈 한 아름 안긴다.

우리가
우람한 산일 때

펼쳐진 울창한 숲마다에 민족정기 가득 서려 있는 반만 년, 금수강산 배달민족의 튼튼한 터전.

꿈이 있기에

기나긴 밤마다
꿈을 청해 보는 것은

사랑하는 그대가 영원한
나의 존재이기 때문.

그대와 나의
진실된 마음에서

영원히 살아야 할
사랑스런 존재이기 때문.

태양이 솟는 새날

이제까지의 어둠을 거두며 태양이 솟는다. 새 아침이 밝는다. 빛나는 태양, 그 아래 새롭게 태어난 우리, 움츠렸던 나무마다 새롭게 꽃이 피고 하늘은 더욱 높아 고운 새들도 기쁨을 노래하리라.

우리는 이제 서두르지 않으므로 넘어짐이 없고 지치는 일도 없으리라. 멈추지 않고 앞으로 가리라. 모두가 자유, 누구나 평등, 언제나 평화, 넘치는 큰 사랑. 이 나라 국민됨을 자랑으로 여기며 땀 흘려 일 하리라.

진솔한 우리 삶

사람이 살아가는
늘 푸른 삶이라면

온 몸의 땀 냄새와
진솔한 마음을 지녀야한다.

싱그럽기 그지없는 사람에게선
좋은 향내가 풍기고

밝고 푸른 미래에는
우리들의 삶이 흐른다.

미래에 살자

희망 찬 소리 고동치는 아름다운 젊음아. 푸른 마음 피어나는 오색빛 영롱한 꽃송이들, 하는 일이 힘들고 괴로워도 보람 안고 인내로 살자.

날마다 즐거움 넘치며 진리를 탐구하고, 어제보다 오늘이 나아야 하고, 오늘보다 내일이 힘차야 할 미래의 아름다운 소망 안고 소신 있게.

장하고 성실한 역군 되어 맑고 밝은 곧은길로 가며 우람하게 서 있는 나무같이 천년 반짝이는 별빛같이 아름답게 살아갈 이 땅에 뿌리 내리자.

세월과 인생

인생은 조각구름
왔다가 사라지고 마는
모였다 흔적 없이 가는 것

무정한 세월 속에
낮은 곳을 향한다.

이마에 주름 깊고
흰머리 나부끼도록 가도
언제나 제자리.

오직 그립고 그리운 건
영원한 큰 사람.

어려움을 이기자

길이 험하다고
숨이 차 가쁘다고
너무 힘이 든다며
그냥 여기서 멈출 순 없다.

도도히 밀려오는
국제화 정보화의 물결
누가 21세기 한국을
이끌어갈 것인가.

창조적 지성
열린 지성
실천적 지성

가파른 언덕을
숨 가쁘게 넘으면
땀 흘린 만큼 세상은
내게 한 걸음 다가온다.

배려하는 마음

버스나 병원에서
큰 소리로 통화한 적 있는지요?
볼륨을 올려 음악을 들었나요?

당신의 편안함이
옆 사람에게 불편을 준다면
나만을 위한 생각을
반으로 줄이세요.

문을 열고 닫을 때
그 다음 사람을 배려하며
잠시 문을 잡아 주세요. 네?

앞을 보고 가야 한다

우리는 앞을 보고 가야 한다. 옆과 뒤는 보지 말고 반듯이 한결같이 가야 한다. 힘센 사람의 도움 받지 말고 씩씩하게 가야 한다.

쓰러져 넘어져도 부축임 없이 오뚝이처럼 일어나 가야 한다. 우리의 이름, 말, 글도 빼앗기고 학대와 천대받던 일제시대를 생각하라. 수치스러웠던 6 · 25사변도 생각하자.

배고프고 서러웠던 지난 시절, 어둠이 걷히지 않았던 그런 날들을 되돌아보며, 흩어졌던 생각들 서로 모아서 더 멀리, 더 넓게, 더 빨리 가야 한다.

3부

인생과 나의 문학

2010년 10월 16일
한국현대 동시조 문학상
수상 후 인사

인생과 나의 문학

그렇게 갈림 길에서 서성였다.

길가의 이정표가 눈에 들어온다.
우리 머나먼 인생길에도
저 이정표와 같이 자상하며
친절한 안내자가 있었으면 싶었다.

내 생에 늦게나마
문학이라는 아름다운 나무를 심었다.
싹이 나고 꽃을 피웠으며
고맙게 곧은 뿌리가 내렸다.

아름다운 시는

아름다운 시는
투명한 진실과 꿈으로
깊은 감동 가득한
생명력이 있다.

이슬 맺힌
눈물이 되었다가,
뜨겁게 가슴 타오르는
모닥불도 되었다가,

그리움으로 가슴 찡한
맑은 영혼들의
울림이 있다.

내가 쓰고 싶은 시

오랜 세월 시를 사랑하다가
때론 머리를 흔들며 끄덕인다.

밤을 새워 시를 써 봐도
깊은 감동의 맑은 글은
나오지 않고
추억의 그리움만 지층을 이룬다.

아련한 옛날을 회상하다가
마음은 젊은 날로 돌아가
진주 같은 고운 시를 쓰고 싶다.

나의 詩

오늘 피어난
한편의 고운 詩는
내 삶의 거울이다.
이 시대의 아픔이다.
마음을 은은히 채색한
수채화다.

산고의 아픔보다
더욱 심한 진통 끝에 얻은
나의 詩는
꿈이 담긴
하얀 들꽃같이 맑다.
즐겨 부르는 노래다.

소망의 시

가슴 깊이 파고드는
절실한 내용의 깊은 감동 주는
정서적 시를 쓰고 싶네.

이슬 젖은 새벽 풀잎처럼
맑은 순수 추구한
아름답고 가슴 찡한
생명력 있는 시를 쓰고 싶네.

지는 낙엽 한 장에도
따뜻한 그리움에 의미 담긴
사랑의 시를 쓰고 싶네.

우리 겨레 모두 모두
입 모아 노래하며 잊지 않고
삶의 여운이 흐르는
영원한 시를 쓰고 싶네.

늙어도 배우리라

세월아 가지 마오. 꽃 시절 지나고 목주름 패이어도 나, 여기 머물 뿐. 괴로웠던 지난 일들, 가슴 묻힌 한일망정 과거는 아름답다. 세월의 망각 속에 멍든 가슴 쓸어내리며 초록빛 젊은 시절, 소중히 간직하고 살아생전 배우는 마음, 공부하는 자세로 새록새록 살리라.

등대 하나 시 하나

등대 하나 시 하나
찾지 못해,
얻지 못해
땅바닥에 주저앉았다가
다시 벌떡 일어서서
질긴 생명으로
나만의 꿈을 일구어간다.

하늘이여!
하늘이여!

사랑의 시인

사랑하는 그대여,
시를 쓸 수 있는 것이 세상에서 제일 기쁘고 가슴 벅차네요.

우리 사랑 언제나 시로 아름답게 쓸 수 있고 시로 노래할 수 있으니 한 권 사랑시집 정열 다 바쳐 펼 수 있으니까요. 그대도 내 마음과 같다면 하늘의 수많은 별처럼 잊지 못할 반짝이는 이야기, 흘러간 추억의 세월을 사랑의 시로 바치겠어요. 나는 그대 사랑하기에 우리 모습 있는 그대로 샘물처럼 맑은 시 다 쓰지 못해도 뜨거운 눈물로 사랑의 시 쓰는 사랑의 시인이 되겠어요.

그대의 시

그대의 시는 읽을수록
세기의 눈을 뜨게 하고
천년의 역사를 말한다.

조심스레 풀꽃을 밟으며
흘러간
추억의 노래도 부르게 한다.

그대의 맑고 아름다운 시는
내 영혼을 울려
잠들었던 창문을 열게 한다.

나의 원고지

하얀 땅 빨간 벽돌
이백 칸 빈 집에

겁도 없이 펜 하나로
못 다한 내 삶
기쁨과 슬픔
어우러진 이야기들
후련히 털어 놓는다.

작은 웃음주머니
슬픈 눈물 보따리
한줄기 희망의 별빛
둥근 사랑의 달빛
가슴을 풀어 놓는다.

영혼의 울부짖음
칸칸에 메우며.

작은 나의 기쁨

시라 부르기엔
미흡하여도

마음속 가라앉은
고운 앙금을

펴내고 거르고
정성으로 짜내

한 권 두 권
펴내는 것이

작은
나의 기쁨이다.

작은 나의 행복

사람들은 오랜 세월 동안 무슨 생각을 가장 많이 할까. 맛이 있는 좋은 음식일까? 예쁘고 멋진 명품의 옷일까? 누구든 원하는 것은 있기 마련이다.

우리나라 명승지 두루 다녀오고, 외국의 호화스런 여행도 해보고, 자식들의 효도도 받았으며, 쓰고 싶던 시도 써 시집도 여러 권 내어 행복하다.

아무도 간섭하거나 방해하는 자 없으니, 공부하고 싶을 때 공부하고, 쉬고 싶을 때 편히 쉬고, 노래 부르고 싶을 때 노래 부르며 작은 행복 누린다.

내가 시를 쓰는 이유

자신만의 시를 쓰고 있으면

고통도 아름다움으로 피어나고
하는 일도 순조로워지며

내 가는 길도
더 없이 편안한 길이 된다.

소망의 아침 햇살

간밤의 어둠과 바람이
밀물처럼 밀려와
아름다운 꿈을 꾸던 풀밭을
사정없이 뭉개 버렸다.

괴롭다는 표현도 못한 채
아침은 다시 밝아와
고운 빛 비춰줄 때
상처 입은 아픈 풀잎에
이슬 눈물 떨어진다.

되비친 생명의 햇빛
금빛 찬란한 영롱한 빛이 되어
간밤에 쓰러져 구겨진
풀잎의 허리 위를
사랑과 소망의 빛으로
다시 밟고 뿌리며 지나간다.

비상하는 철새

머나먼 시베리아를 가로질러 날아온 철새들이 갈대가 무성한 강가에 앉아 나래를 접고 먹이 찾아 쪼아댄다. 천수만으로 돌아온 철새 떼, 물장구로 즐겁다.

강가를 찾은 아이들의 환성에 놀라 푸드득 날갯짓을 하며 다시 하늘로 시원하게 오른다. 비상하는 철새 떼 바라보며 무한 자유를 꿈꾼다.

어린이와 청소년, 자연을 관찰하고 접하며, 환경의 소중함을 배우며 사랑하고, 어른들은 황량한 겨울 풍경 속에서, 하루 해 저물어 둥지 찾는 철새가 된다.

화음

절묘하게 조화된 화음은
사람의 마음을 맑게 한다.

밝은 미래 향해 한발 나아가
우리 사회를 건전하고
건강하게 만들 수 있는
깊은 울림의 음악과 같은
역할이 절실한 시기이다.

21세기를 맞아 거대한
변화의 물결이 몰려온다.

하루 어부 되어

나는 바다로 가야지.

뻘 디디고 빠지며
싱싱하게 살아 숨쉬는
소라와 미역, 낙지

마음 넉넉하게 캐리라.

남은 길

푸른 젊음이 아름답던 날, 악몽의 6 · 25사변 일어나 식구들과 헤어져 울타리 허물어지고 갑자기 부평초 신세이듯 숨 가삐 뛰어온 길, 주인공이 되어 지난 길을 돌아본다.

가진 것 아무것도 없고 착하기만 하였던 그 시절, 도리어 살기 힘들었던 세월, 높은 고갯길, 험한 벼랑길, 인고로 뛰어온 길, 이제 반백이 되고, 또 많은 세월 넘었어라.

인생은 반딧불처럼 허망함도 보이고, 살을 깎는 아픔도 있으나, 우리 인생 산다는 이유 알 듯 모를 듯, 그래도 남은 길 펼쳐 있으니, 열심히 땀 흘리며 건강하게 가리라.

즐거움이 넘치는 일

모든 사람들은 마음 속 즐거움이 있을 때, 자신의 뜻하는 일이 진정으로 하고 싶어지리라.

노력한 만큼의 댓가가 참 댓가라고 믿어 땀 흘려 열심히 일하면 다가오는 불행도 막을 수 있으리.

살아가는 우리들은 오직 더도 말고 덜도 말고 뿌린 만큼 거둬들인다는 진리를 믿고 일하리라.

근심걱정 없이 즐거움 넘치는 일을 정직하게 최선 다해 노력한다면 다가오는 앞날이 행복하리라.

보석이 박힌 바위

자라나는 고운 빛의
결정체가 들어 있다.

어둠이 꽉 찬 바위 속에
영롱한 슬픈 넋
깊은 속에서
빛나는 햇발
나날이 보석으로 자란다.

어리석은 세상 사람들
깨지 못한 자신을 돌아보라.

나도 빛나는 보석이 되어
고운 무늬
바위가 되고 싶다.

나무이고 싶어라

푸른 하늘 우러러
무럭무럭 뻗어 가는

가지 잎 무성한
나무이고 싶다.

새들이 노래하면
그늘도 드리우고

바람결에 너울너울 춤추는
나무이고 싶다.

예쁜 꽃 피우고
실한 열매 주렁주렁 맺는

사시사철 푸르게 사는
나무이고 싶다.

어미새

포근한 어미새의 품안에서
부족함 모르던
어린 새.

스스로 날개 달고
조심스럽게 날던
파랑새.

헐떡이며 옹달샘 찾아와
마른 목 축여가며
일에 바쁜 어미새.

혼자만의 고독을 안고
구름의 향기에 취해
늙는 새.

내 마음

내 마음은
깊디깊은 골짜기.

바람에 흐느끼는
내 가슴은
빈 들녘 쏟아지는 햇살
제자리 굳게 서
설렁이는 풀꽃 미소로
그대 오는 길가
한들한들 푸르른 빛.

서성이는 자락에서
꿈을 익히려다가
버려진 세월.

삶의 여정

삶은 흐르는 강물이다.

바위에 부딪쳐 갸우뚱거려도
가야 할 물길을
바르게 찾는 일

때로는 멈추고,
고장이 나도
튼튼하게 고쳐가는 과정

눈보라와 폭풍우 피하며
무정한 세월 안고,
험한 여로를
바삐 가는 길이다.

인생은 힘든 여정

차가운 겨울바람에
지루하던 날들을 풀어낸다.

인생은 끝없는
연극이듯
희망과 허무를 함께 재보며
마음은 허공 타고
제자리에서 선회한다.

밀려오는 시간
모자람 많은 자신에게
참기 힘든 여정이다

한 해를 닫으려는 12월
한없는 정막이 스며들어
텅 빈 마음의 여유를
찾고 싶은 날이다.

시간

꿈처럼 달빛이 내려앉아
고요가 깃든 이 밤

가물가물 어리다가
켜켜이 밀려오는
아름다운 의식의 나래

강물처럼 흘러버린
세월을 되돌려 받아
역행하고픈 사념만이
가슴 속에 아롱지는데

아쉬운 세월 속에
오색으로 수놓으리라.

새벽

새벽은 우리를 일깨우는 예지의 문이다. 하늘과 땅이 잠들고, 산과 바다가 꿈꾼다. 있는 자와 없는 자도 같이 잠이 든다. 나만 고개 들고 깨어나 추억의 빗장을 연다. 나의 날개를 펴는 시간, 아직 우리들의 새벽은 남았고, 아직 우리들의 내일이 다가오고 있다. 이제 우리들의 빛나는 미래가 있다. 새벽의 남은 시간은 과거의 생애보다 더욱 귀중하다. 내일의 문을 여는, 없어서는 아니 될 열쇠이기에 새벽은 늠름하다.

소중한 약속

꿈꿔온 생활이 있다.

햇볕 잘 드는 푸른 언덕에
소망의 집을 짓고

고운 꿈으로
쾌적하고 깨끗한 도시에서
열린 사회를 만드는 것이

발전하는 이 나라를 위해
꼭 지켜야 할
우리의 소중한 약속이리라.

지혜를 일깨워

지붕의 이엉을
엉성하고 어설프게 이으면
비가 오면 곧 샌다.

뜻을 굳게 단속치 않으면
마음의 욕심이 생긴다.

지붕의 이엉을
촘촘하게 튼튼히 이으면
비가 와도 새지 않는 것처럼

뜻을 굳게 지니고 행하면
작은 욕심도 없어진다.

꿈을 모아 본 밤

슬픔의 가락
은빛 하현달 깃을 치고
먼 곳에서 지친 별들의 여로,
가슴에 그리움으로
잔잔히 흐른다.

초록빛 소망의 나래 펴고
해당화 피는 모래밭에
밤새 잠을 설쳐 뒤척이다
좋은 풍악
꿈속에 듣는 밤.

꿈의 그림자
뒤늦게 쫓아가는 먼 순례 길
갈라진 사념 안고
잘게 흩어진 꿈을
소중히 모아본 밤이여!

4부

갈대가 나는 좋아

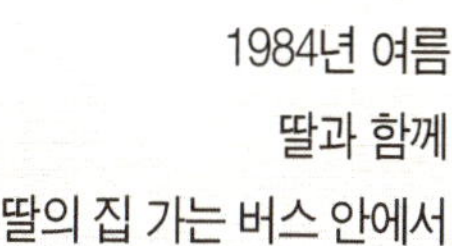

1984년 여름
딸과 함께
딸의 집 가는 버스 안에서

동해의 해돋이 1

한계령 흰 눈꽃
태고의 신비에 취해
잠시 밝은 마음이 된다.

아름다운 낙산사 해변
해돋이가 시작되는
동해의 장관이여

파도 속으로 마음도 간다.
저처럼 청정한 바다에
붉은 불덩이 차츰 솟아
찬란한 금빛
수평선에 반쯤 내민 얼굴.

일렁이는 파도 위에
내 몸도 띄우고 싶다.

동해의 해돋이 2

찬란한 빛깔이다

생명의 빛은
알 수 없는 근원에서
바다 위로 오른다.

없는 듯 아득한
끝없는 생명의 불꽃
찬연히 오른다.

물길에 붉게 물든
영혼 길 오르는
동해의 일출

천년의 얼굴이
동해에서 솟아오른다.

봄이 오는 소리 1

얼었던 실개천
아린 몸짓 일렁이다
내일의 새 꿈꾸듯
한 발 다가서
노래하며 흘러가네.

봄이 오는 소리
은은한 고운 노래
봄이 오는 소리.

무심한 세월
고뇌 누비며
헝클어진 아픈 사념들
과거와 현재를 안고
서둘러 흘러가네.

봄이 오는 소리 2

참새들의 날갯짓
은빛 봄 햇살 밀려오면
뜨락 밟고 올라서
가슴을 쭉 펴고
키 재기하는 나무들

양춘의 맑은 정기가
살구나무 가지에
연녹색으로 감도는데
대지는 온통 싱싱하고
봄의 숨결 가득하다.

얼음 풀린 개울물에
빨래하는 아낙네들
도란도란 삶의 이야기 꽃
활짝 피어오르다가
바람결에 웃음소리 높다.

2월에는

칼바람과 꽃눈 사이
가슴에 고이 숨긴
수천의 씨앗들

봄을 향한 2월에는
가슴 열어 보여 줄래요.

새벽 정기 이슬 밟고
하늘에서 내려 왔나
겨우내 빗장 걸었던 흙 가슴에
새순의 숨결은 언 땅을 헤쳐
탯줄을 흙속에 박고
마냥 부풀어 오르는

희망의 2월에는
강한 생명이 될래요.

봄이 오는 길목

흐르는 세월 가운데
돌담장 사이로 따순 햇살은
한줄기 사랑 되어
따뜻한 귓속말로
조용히 조심스레 소곤대며
봄은 그리움으로 다가와
훈훈한 바람으로 온다.

봄이 너무 그리워
꽃의 화신 수줍은 목련이
잎도 나기 전에
가지마다 사랑편지
마음의 진실 도톰한 내용
속달로 와 걸려 있으니
봄은 목련 꽃으로 온다.

꽃샘추위

때 아닌 북쪽바람
흰 눈까지 내리니

움트던 새싹 놀라
꼭꼭 보일까
땅속으로 숨었네.

바위틈에서 솟아난
버들개지.

살얼음 덮였으니
작은 잎 움츠려
눈을 감는 아픔이네.

삼월의 미소

그리움 맞으려
뜬 눈으로
긴긴 겨울 지키다가

따스한 햇살이
손짓하는 그 모습
노란 옷 걸쳐 입고
노란 미소로
타오르는 개나리

살랑이는 봄바람
버들개지 꽃 피는
삼월의 미소

진달래 1

불타는 그리움은 숨기지 않는다. 세월은 우리 곁에 달려온다. 가는 것이 아니고 오는 희망으로 떨리는 가슴으로 푸른 하늘 우러른다.

우리는 내일로 급히 간다. 어제의 부족함과 뉘우침을 안고, 사랑의 정열은 내일에서 오니까, 피어남을 기다린다. 분홍색 너의 얼굴 얼싸 안고 가슴 벅찬 희열에 가득 찬다.

우리 집 정원에도 미소로 다가온다. 작은 뜻 하나도 이루지 못한 나를 새로운 따뜻한 사랑과 위로로 반겨 피는 화사한 진달래여!

진달래 2

나의 얼굴에도 봄이 묻었지. 겨우내 소식 뜸하던 산, 진달래 피어 오르는 산으로 가자. 분홍빛 정열의 진달래, 밑둥 하나 붙잡고 구부러진 가지마다 진하게 배어나는 꽃 냄새.

오랜 기다림 끝에 눈 시린 하늘빛 시야마다 유난히 햇빛이 멈추는 오늘, 꽃물 터지는 계룡산, 세월의 무수한 잎을 피우고 세월의 아픔은 꽃으로 피어 화사하게 흐드러진 진달래.

내 가슴에 타오르는 그대
눈물 속의 환한 봄이여.

벚꽃

사월이 돌아오면 연분홍 수줍음이 반긴다. 봄의 여신 벚꽃, 사랑을 살포시 머금은 화사한 벚꽃, 눈부신 너의 화사함이 무심천 뚝을 걷는 나에게 정다운 미소로 반긴다.

그렇게 화사하던 벚꽃나무, 꽃잎이 지고나면 내 마음 허전하다. 봄비 내린 촉촉한 대지에 앙상한 벚꽃나무, 아쉬운 표정이다. 꽃이 진 자리, 묵묵히 하늘 보고 서 있다.

계족산의 봄

겨우내 얼어붙었던 산
햇살 받아
파릇파릇 새싹 돋아나고
산수유 가지마다
봄빛이 노랗게 눈트고

꽃샘추위 심술부려도
봄은 계족산의
가슴으로부터 온다.

비원 안의 연못

고궁의 비원 안
연못가 늘어진 수양버들
파릇파릇
봄비에 머리 감는다.

미풍에 웃음 짓는
버들잎
연못 안의 환한 미소
방싯방싯 해맑은 웃음이다.

봄비

우울하던 도시 아스팔트에
봄비가 내린다.

꿈을 꾸던 풀포기도
흙을 헤집고 머리를 든다.

참새들도 전깃줄에서
깃털 적시는 봄비가 좋아
짹짹 즐겁게 노래한다.

이유 없이 옹색하던 마음에도
설레는 가슴에도
봄비가 내린다.

목련은 피고

하늘 올려본 꽃봉오리
목련이 핀다.

햇살의 넘치는 애무에
미소 짓는 생의 희열
목련이 핀다.

수줍은 아가씨
소중한 비밀 살짝 열면서
목련이 핀다.

소복의 맑은 영혼으로
목련이 핀다.

목련은 다시 피고

살아 있다는 기쁨도 모른 채, 그저 흘러만 가는 무심한 계절, 얼마나 오랜 세월 흘렀나.

목련이 피어나는 4월,
수줍은 가슴 여미다가
활짝 피어나는 순수.

하늘가로 소풍 가는 구름들, 땅과 공간은 온통 눈부신 목련이 미소 짓는 생의 희열이 넘친다.

올올이 뿜는 숨결,
맑은 눈빛으로 다가서는
저기 저 소망의 노래.

늦은 봄

세월은 가고 또 가고
지구는 돌고 돌아
다시 봄이 떠난다.

계절의 전령인 고운 꽃, 노오란 개나리, 분홍 진달래. 산야에 흐드러진 꽃 계절, 바람같이 스쳐 지나고 라일락 그윽한 향기가 작은 뜰에 가득하다. 5월의 푸른 나무들, 생명의 환희 지칠 줄 모르고 높고 푸른 하늘 우러른다.

꿈 한 자락 넓게 펴
우리가 쉴 그늘에
눈부신 봄이 미덥다.

4월의 할미꽃

젊은데도 할미꽃인가
늙어서도 할미꽃인가

4월의 할미꽃

선인들이 심술이 나
장난기로 붙여 준 이름.

허리 구부려 피는가
허리 세워도 백발인가

4월의 할미꽃

젊어서나 늙어서나
할미 같다고 붙인 이름.

7월의 일기

풀 내음 짙게 흐르는
우암산 능선.

낯익은 산야에
패랭이꽃
각시붓꽃
이슬 젖은 풀꽃들

이따금 시원한
7월의 바람이 지나간다.

땅과 하늘 사이
잎새는 나무에서 자라
인고로 살아간다.

8월의 플라타너스나무

플라타너스 무성한 가지에 참새들의 노래가 흐른다. 무덥고 나른한 여름 오후, 양지바른 넓은 교정에 청량한 바람이 지난다.

내일의 희망이 흐른다. 맑고 푸른 꿈을 피우는 꽃구름 아름답게 흐르고 플라타너스 넓은 잎새는 어머니의 포근한 얼굴같이 미소 짓는다.

도로는 뜨겁다. 뿜어 오르는 뜨거운 열기로 나무마다 달아올라, 푸른 잎 가슴마다 타올라, 그리움은 파랗게 피어난다.

여름 풀밭에서 1

손끝마다 저린 아픔
시원스레 툭툭 턴다.

가슴 펴고 손 벌린 풀잎
키만 훌쩍 크더니만
따순 햇살 공평하게
다툼 없이 받고 있다.

여름 날 싱그러운 풀잎
바람결에 꺾였구나.

작은 어깨 딛고 서서
기울어진 몸과 마음이듯
우리 인생 풀과 같아
세상 끝 가엾어라.

여름 풀밭에서 2

싱그러운 풀밭에 섰다

작고 예쁜 풀잎 크고 긴 풀잎
방울방울 맺힌 진주 이슬
손끝 저린 설움인가
안개 바람이 살며시 털어버린다.

따순 햇살 고루고루
다툼 없이 받는 여름

작은 어깨 딛고 자라
훌쩍 키만 크더니만
인생도 저 풀과 같아서
더불어 사는 순리를 깨닫는다.

여름 산

나뭇가지에 새가 운다.

계곡 물이 맑게 흐르고 키 큰 나무마다 강렬한 빛의 조각들, 푸른 잎이 무성해 건강하다. 숲의 바람소리 고여 있는 그리움, 풀내음 꽃내음이 산천을 휘감으니, 여름산이 깨어 있다. 산을 채우는 아름드리나무에 다람쥐 뛰어놀고 이끼 낀 돌과 바위에 역사의 숨결이 흐른다.

여름산은 풍요로운 노래다.

여름 강

바람이 성난 날
무릎이 저려온다.

가시 돋힌 그 세월
모래 위에 삭히며

옷섶자락 적셔 놓고
흘러가는 강줄기.

여름 강 물결소리
억새풀 무성하고

정결한 숨결로
영원한 우리 곁.

계곡에서

둥둥 뜬 마음으로
무릉계곡 찾아가
물소리를 듣는다.

다가오는 그리움
아련히 보고픈 친구
안개처럼 피어오른다.

온 몸에 돋아난
파란 이끼옷의 먹바위
저토록 파란 숨결

맑은 계곡물에는
피라미 송사리
신나게 헤엄쳐 노니는데.

강변에 선 마음

석양
물비늘처럼
반짝이는 강물.
외곽 따라 흐르며,
말없이 밀려가는 계절,
강물은 시간 안고 흐른다.
철 따라 날아 든 철새, 먹이
찾는 물오리, 서걱대는 갈대 따라
나도 콧노래 부르니 강물은
세월 안고 흐른다. 강변
허전하던 내 마음
염원하던 작은
소망 이룬 듯
가슴 벅찬
강물.

여름비

세상 번뇌 모두 잊고 복잡한 인간의 소리 멀리하며, 조용한 숲속, 들판에 비가 내린다. 수정 같은 물방울에 나뭇잎 춤추는 작은 몸짓, 회색빛 구름에서 비가 내린다.

노을 빗긴 언덕에 바람 스친다. 슬픈 정서의 시간 흐르고, 세상살이 지루하고 공허할 뿐, 새롭고 신나는 일 무엇 없을까, 세월 속 비가 내린다.

하늘은 저렇게 시원해 보이나, 여름 무더위에 찌든 나무들, 이름 모를 노란 꽃송이 위에 고독을 노래한다. 허허로운 이 심정으로 갈라진 마음에 빗물이 스며든다.

갈대가 좋아

허공을 쓸어안듯
허무의 몸짓으로
고뇌와 갈등 안으로 삭히며
바람결에 너울너울
온종일 춤춘다.

갈대가 나는 좋아!

서러운 눈짓이거나
수렁 속에 뿌리 묻은 채,
머리카락 나풀대며
아름다운 마음 안고
서걱서걱 시를 읊는다.

갈대가 나는 좋아!

갈대의 기도

갈대는 기도할 때
바람에 서걱거리며
온 몸으로 반성한다.

빛이 그림자를 안고 있듯이
별이 밤하늘 수를 놓듯이
밤이 새벽을 열어 주듯이

생명의 푸른 꿈 안고
은빛 머리카락 풀어 젖히고
온 몸으로 기도한다.

갈대의 노래

갈대는 몸으로 노래한다.

비바람 몰아치는 날에도
아픈 잎 서로 흔들며

시린 고독 참고 참아
인내로 서걱이는
외로운 갈대의 노래.

별들이 쏟아져 내리는
맑은 호수 위에
파문처럼 번지듯이
부르는 갈대의 노래

하늘 향한 염원과 소망
가슴에 묻어둔 추억도
사무치는 마른 몸짓으로
온 몸으로 사르려나,
열정적인 갈대의 노래.

갈대의 밤

어둠의 깊이 모르는 채 피고 지는 풀꽃, 강기슭에 자리한 갈바람 일렁이는, 가슴으로 울어대는, 외로운 갈대.

은빛 쏟아지는
밝은 별빛 아래
은은히 퍼져오는
떨림의 바람소리
움츠렸던 몸을 풀고
춤을 추는 갈대.

앙상한 뼈 마디마디, 속으로 감추고, 지나는 소슬바람과 동무하자 노래하며, 밤을 지새는 고독하고 억센 갈대.

가을 오면 나는

계룡산 나무 아래 앉아
흘러간 노래를 불러본다.

갈대가 무성한 가을 오면
긴 머리 곱게 늘어트리고

은빛 끝없는 갈대밭에서
신명나게 춤을 추어본다.

우수에 찬 가을 오면
사랑의 시, 지우고 또 지우며

마음에 찰 때까지
가슴 찡한 시를 쓰련다.

뜰의 국화 1

시린 비 천둥 번개도
내 가슴 식힐 순 없어요.
내 마음 어쩌지는 못해요.

화사하던 온갖 꽃들, 푸르게 웃자라던 잎새들, 벌 나비 술렁이던 길었던 여름, 스산한 가을 바람결에 뜰의 국화의 외로움을 밤새 대신하여 울어주던 정 많은 소쩍새의 울음.

찬 서리 외로운 뜰에
혼자 하늘 향해 터뜨린
그윽한 국화의 그 미소.

뜰의 국화 2

고추바람 찬 서리
칼 얼음도
내 가슴을 식힐 순 없지.

기나긴 여름 동안 우주의 섭리를 가슴에 담아두며 안으로 사려온 아픈 가슴이었지. 무서리에 숨이 죽은 고요한 작은 뜰에 이제서야 저 혼자 하늘 향해 터뜨린 연서.

정열의 노란 미소
가슴에 써내려간 사연
향기 뿜은 국화여!

가을 길 코스모스

아리한 슬픔 가슴 안고
은은히 고개 숙여 핀

아름다운 추억을 지닌 꽃
가을 길 코스모스.

곡식을 거둬들인 빈 들길마다
잘 닦은 길가마다

가을 정취 물씬 풍기며 서 있는
변치 않는 너의 고운 순정.

늦가을 바람 앞에도 당당하며
영원히 휘감기는 애정.

고고하며 우아한 모습의
첫사랑 코스모스.

고운 빛 미소

작은 얼굴로 하늘 바라보며
고운 빛으로
흔들리며 나부낀다.

태풍이 불어와
지붕이 날아가도
강풍이 불어와
비닐하우스가 쓰러져도
우아한 코스모스
커다란 꿈 머금고
길가에서 넘실넘실
물결 이는 꽃

연분홍 얼굴로 미소 지으며
소망도 곱게
흔들리며 떨어진다.

5부

자연의 참모습 되찾자

1991년 2월
조혜식 세 번째 시집
『여인의 소망』 출판 기념

참모습

봉우리 이어진
푸른 산
울창한 숲
기름진 평야
넘치는 맑은 강

싱그럽고 푸르른
티 없이 깨끗한
우리 땅
자연 환경을 지키는 일
우리들이 할 일이다.

침묵의 바위

칠흑의 어둠 겹겹이 쓸고
긴 세월 피맺힌 설움

천만근 침묵의 무게로
바위 옷 몇 번이나 입었을까.

오늘도 역사와 함께 하는
말없는 바위여.

해와 달 고운 별빛
허공에 뜨고 지고

가끔은 이름 모를 풀꽃 피어
속살 환희 열리려는가.

인고로 영고성쇠 살아온
침묵의 바위여.

바다를 바라보며 1

햇빛에 반짝이는
파도를 바라보면

탁 트이는 내 마음은
마냥 너그러워진다.

바다가 주는 기운이
가득 벅차오른다.

출렁이는 저 바다!
영원한 젊음.

천만년 검푸른
강렬하게 불타는 의욕

바다의 장구한 정열을
나는 한없이 사랑한다.

바다를 바라보며 2

강줄기가 한데 모여
깊고 넓은 바다.

근원이 다른 강물이
모여 망망대해.

파도는 규칙적으로 달려와
거대한 힘을 보이고

아름다운 질서로
통일된 신비를 만든다.

파도는 언제 어느 때고
무한한 환희로 넘실대며

암벽에 부딪치며
승리하는 함성이 된다.

바다를 바라보며 3

바닷가의 아침
벅차 솟는 내 마음

너무 세게 출렁거려
차분히 가라앉힐 수 있을까.

검붉게 멍든 가슴
해파에 씻으리라.

아름다운 아침바다
화폭에 그려볼까.

아니면 모든 것
바다에 멀리 던져나 볼까.

내 가슴에 그리움 심는
저 아침 바다.

독도

수평선 저 너머
떠오른 섬 하나.

서러운 표적인가
살아있는 섬 하나.

한 목숨 깊고 깊어
아롱진 낭만

아득한 길 떠나는
일렁이는 파도.

출렁이는 걸음이
독도를 깨운다.

1월의 아침 바다

1월의 아침,
탁 트인 바다에 선다.

장엄한 바다 위에 둥근 해가 솟고 있었다. 너울대는 시원한 해풍에 휘날리는 돛대 깃발, 짙은 흑암의 비늘 털어내고, 이 아침 출항을 위하여, 의지의 돛이 오른다. 멀리 수평선 아득한데, 은빛 햇살 눈부시게 반짝이고, 거친 숨결로 오늘을 여는 거대한 생명이다.

1월의 바다
아침의 문을 활짝 연다.

생명의 바다

밀리는 저 파도 속에 사랑이 가득 들었노라. 저— 멀리 푸른 바다, 바람 없이도 잔잔히 일렁이는 파도, 바람 있으면 거센 흰 줄기 업고 홀로 용감히 넘치는 파도.

사랑의 속삭임
꿈 많은 이야기

정 없는 큰 파도, 무섭게 넘실대다가 하늘 우러러 목쉰 소리로 몰려갔다 다시 몰려오는 생명의 바다. 언제 봐도 새롭고 더 푸른 사랑으로 생명의 빛을 모은다.

바닷가에 와서

바닷바람 천리 만리
갯 비린내 풍기고

출렁이는 푸른 파도
부서져 넘쳐

조개껍질 하얀 모래밭이
눈감아도 아득하다.

아득한 그리움은
바다의 숨결로 속삭이며

굴곡 많은 우리들의 삶
그것이 우리 인생이듯

기쁨보다 얼룩이 많던가,
때로는 큰 파도 거세다.

겨울바다

숨을 고르고 다시 일어선 파도
쉼 없이 밀려와 부서져
하얀 포말을 일으킨다.

인적이 끊긴 겨울 해변
하늘을 나는 갈매기만
외롭게 해변을 지킨다.

파도여, 정열의 파도여!
천군만마의 기상으로 일어나
마음속 한을 씻어내어라.

후려치듯 털어내면
온몸을 감싸주는 희열이듯
굳건한 새 희망을 맞으라.

남해의 갯벌에서

반짝이는 은빛 물결
석양에 철썩이고

어머니와 할머니
갯벌에서 조개를 줍고 있다.

질척한 갯벌에서
비릿한 냄새에 땀 흘린다.

등에 흐르는 땀방울
삶에 지친 그림자.

그물에 걸리던 고기떼
오늘따라 적어서였을까.

낡은 어선에서 들리는
힘 빠진 어부들의 한숨.

칡넝쿨

이 땅은 짙푸르다.

한 여름 땡볕에
무성하게 뻗은 칡잎

시원한 바람결에
소망으로 하늘하늘

엉킨 넝쿨의 줄기줄기.

뻗어진 길 따라
어우러진 인정들

굳건한 이 땅에서 나도
칡넝쿨처럼 살리라.

겨울 계곡에서

이름 모를 산새 울음
겨울 산의 메아리가
계곡을 따라
산산히 부서진다.

가시덤불 헤쳐 가며
큰 바위 옆에 끼고
맑은 물이 흐를 때

우리 삶 하루해가
저 너머
노을빛에 기쁨으로 벅차고

누구의 외침일까?
야—호 야—호
산울림의 긴 여운
귓전에 머문다.

자연의 품

강물은 흘러야 깨끗하고,
푸른 산은 우람해야 미덥다.

하늘엔 흰 구름이 흘러야 신비한 자연이다. 어두운 밤엔 별빛이 흘러야 오묘한 이치가 있다. 꽃은 색과 모양이 있고, 향기 나고 꿀이 있어야 벌 나비가 모인다. 자연은 신비한 진리이고, 생명의 빛은 우주 속에 무한하다. 영원한 자연의 품에서 맡은 일 끊임없이 이루리라.

편안한 사랑이 행복하고
자유로운 삶이 가치 있다.

낙엽과 인생

허전하고 쓸쓸하다.

해마다 늦가을이 되면
버릇처럼 쓸어대니
낙엽의 그 종말
우리 인생과 같아
짙은 한숨소리만
바람결에 실려 간다.

눈물은 참 아프다.

창밖의 은빛 바람
노란 국화 잎 날리며
커—피를 마시고 난 뒤
감도는 향기같이
오래도록 가슴 따뜻한
인생의 영혼이다.

첫 눈이 내리네

반쯤 눈 뜬 겨울하늘에
첫 눈이 내리네.

허공중에 날리다
서로 얼굴 비비다가
빈 가슴에 소복이 내려
살며시 채워 주네.

하얀 얼굴 옹기종기
티 없는 맑은 눈짓.

각기 다른 운명을 안고
아주 먼 하늘에서
가까운 우리 머리 위에
첫 눈이 내리네.

눈 오는 날

회색빛 하늘이 무겁다
잃었던 기억
희미한 기억
실마리 풀릴 듯
펄펄 날리는 눈발 아래
변두리 빈터 향해
고개 숙이고
기운 없이 걷고 있다.

저 세상에도 눈이 올까
이십년 전에 돌아가신
불쌍하신 우리 어머니.

하얀 추억

하얀 눈꽃이 날린다
어려움과 슬픔 위에도
기쁨과 희망 위에도
빈 가지 위에도
고운 눈이 내린다.
하얀 눈꽃이 내린다.

어지러운 동네
깨끗하지 못한 세상
한바탕 하얗게
말끔하게 감춘다.
아스라이 잊혀지던
추억까지 내려 쌓인다.

눈 오는 겨울밤에

붉은 빛 노을 속에 땅거미가 스며든다. 눈바람 스치는 밤, 난 오늘도 작은 자리 지키며 가슴 적시는 시 한편 건지려 겨울밤을 지샌다.

어둡고 추운 겨울밤
모든 것 잊고 싶어
자신마저 잠재우려
나는 시를 쓴다.

어차피 지나가는 밤인데, 잡고 매달린들 무엇 하나. 난 내일의 희망찬 새벽을 향해 좁은 가슴 활짝 펴 그대 향하여 심호흡을 한다.

농부의 하루

무,
배추
파릇이 자라는 밭머리

눈물 씨,
보람 씨
고랑마다 포기포기 담고

흙 묻은
호미로
잡초 뽑아 김을 매네.

물과 같이 살리라

물은 겸손하여 스스로를 낮추고
맑은 물 산 굽이 돌고돌아 흐른다.

산과 초목 바위와 벗하고 낭떠러지 부서지면서 조금도 지칠 줄 모르고 고향에 간다. 바람과 구름이 너울너울 춤추고 햇빛이 아롱아롱 안내하니 먼 여행 오히려 즐거워 졸졸 노래하며 흐른다. 사람들 모이기만 하면 서로 잘났다 다투며 사는데 물은 강과 바다에서 만나 반가움 하나 되어 더욱 넓고 푸르다.

우리도 저— 흐르는 물을 본받아
낮은 곳 향하는 물과 같이 살리라.

잃어버린 나이

바람에 실려 갔나?
강물에 흘러 갔나?
잃어버린 설운 나이

명절마다 색동옷 갈아입고
하늘 안고 겁 없이 살던 나이
어쩌다 잃었는가!

좋은 일 한답시고
앞 뒤 보지 않고
제 나이 잃은 처사

싱그럽던 나이 잃어버리고
주름진 나이테를
간직하며 살아갈 나이.

노인이 싫어하는 나이

우람하고 청청한 소나무는 나이테로 해묵어 당당하게 서있네. 우리 인생 모두 상하 빈부귀천 없이 똑같이 나이 먹네. 사람이 나이 들어 장성해 가고픈 길 기쁨으로 달려가는 좋은 시절은 잠시여라.

나이가 많아질수록 육신은 아파오고 찾아오는 것은 고통이요, 초췌와 남루함뿐이라오. 우리의 인생여정 나이만큼 젊었다가 나이만큼 늙어짐이 철학이오. 생과 사는 하늘의 뜻이니 피할 수 없네.

우리들이 싫어하는 것이
나이라 해도
겸허히 받아들여 살리라.

낙엽이 우네

10월은 외로우나
향긋한 국화내음이 맑네.

낙엽 밟는 소리
귓가를 맴돌고

땅 속에 묻혀버릴 낙엽
아픔의 소리 내며

서러워 서러워하다
눈시울 빨갛게 타는 잎새.

낙엽과 인생

떨어진 잎새 위에
쌓이고
그 위에 또 쌓인다.

낙엽을 밟고
거닐어 보면

바스락거리는
소리에
마음이 아프다.

고독한 길

멀고 험한 길
목적지가 보이지 않는
아득한 길인가.
허허로운 가슴 안고
요란하게 질주하나
가도 가도 제자리
숨 가쁜 영혼
인생은 고독한 길.

6부

한 세상 사는 것이

2012년 2월 11일
조혜식(저자) 팔순잔치
아들과 서울 공군회관에서

삶이란 무엇인가

생로병사의 몸부림이다.

병고의 많은 시름도
인생의 외로운 아픔도
참음으로 굳세게 견뎌가는
인고의 움직임이다.

세월을 보내는 서글픔을
한 가닥 바라는 소망에
기다리며 사는 삶은
돌아가는 수레바퀴이다.

끝을 모르는 여정이다.

한 세상 사는 것이

한 세상 사는 것이 흘러가는 바람이듯 스러지는 구름이듯 모두가 부족하나 소망 하나 펼친 여백.

낯선 마을 고향 되어 이웃과 오순도순 사랑의 둥지 틀고 끈끈한 정 화합으로 서로 돕고 살리라.

험준한 산세라도 한 발부터 기어올라 조심조심 마음 가누어 안전한 마무리가 무엇보다 중요하리.

가슴 저린 이 세월 멈출 순 없는가. 젊음이 그립구나. 질긴 생명 흐름 안고 별빛같이 살리라.

강마을에서

강을 바라보는 마을에서
평생 물새를 바라보며
건강하게 살고 싶다.

새벽이면 반가운 까치가
소식 전해주는 마을에서
평화롭게 살고 싶다.

사랑하는 가족이 모여
감사 기도를 드리며
행복하게 살고 싶다.

밤이면 작은 뜰 가득
별들이 마실 오는 꿈나라에서
꿈처럼 살고 싶다.

장승백이

묵묵히 말이 없는 장승, 알 듯 말 듯한 미소이다. 무표정한 듯 보이나 속으로 따뜻한 마음을 지닌 장승, 오랜 세월 우리와 같이 호흡하며, 물, 바람, 불을 막아주고 마을의 안녕과 풍요를 누리게 해 준다.

농업을 주로 하는 마을 사람들에게 장승백이는 토속 신앙이다. 아들을 낳게 해 준다는 전설, 잡귀를 물리쳐 준다는 믿음, 전통문화 마을을 지켜주는 수호신, 서민들과 맥을 같이하며 풍년을 기원한다.

부소산과 낙화암

백제의 혼이 깃든 부소산은
귀중한 조상들의 유물이다.

백제의 기름진 땅
굽이굽이 흘러온 백마강
부소산 어루만져 흘러
천 길 절벽 절경 이루어
꽃잎 떨어지듯 몸을 던진 궁녀들
굳은 절개 응어리진 낙화암.

부소산 변함없이 솟아있고
백마강 유유히 흐르는데
부여 찾는 백제 후예들
부소산 올라 옛 일 되새겨보고
낙화암 절벽 아래 배를 띄워
삼천 고혼 슬픈 넋 위로한다.

비둘기

햇살 눈부신 날
푸른 잔디에
하얀 깃털의 비둘기
쪼르르 쪼르르 날아와
바람처럼 스쳐간
그 옛날의 그림자를
열심히 찾는다.

푸른 하늘을
자유롭게 날다
가슴으로 안겨와
구구구 구구구
애원의 사랑 노래
평화의 갈망으로
고루 메아리친다.

한빛탑

다져진 한밭 벌에
높다란 한빛탑

빼어난 기술 모아
지혜의 상징인 양
한빛탑 우뚝 솟고

구시대 흘러가고
새 시대 밀려와
밝은 빛 비춰주네

온 누리 역사 속에
한밭의 한빛탑은

지혜의 문을 열어
온 인류 모두 모아
자유 평화 앞당기네.

소중한 우리 쌀

슬프게 얼룩진 우리 역사
오랜 세월 비극도
한 몸에 쓸어 담고
유구한 역사의 기록으로
차곡차곡 쌓아 올린
한민족의 살이 되고 피가 되는
없어선 아니 될 소중한 쌀
생명의 빛으로 우리를 지킨다.

가난하고 배고팠던 보릿고개
황금보다 귀중한 것
우리들이 가꾼 농산물 중
영양 좋은 기름진 쌀
오천년 대지 위에
정성으로 다시 심은 볍씨
한민족의 얼이 가득 담긴
우리 몸에 건강 주는 쌀이다.

따뜻한 햇살이 되리라

그대 넓은 가슴 안에
푸른 강물 되어 굽이치리라.

그대의 따스한 가슴 안에
푸른 싹은 날로 자라
화사한 꽃 피었다가
탐스런 열매로 맺으리라.

나 또한 절절히 사랑하는
당신의 미더운 가슴에 남을
따뜻한 햇살이 되리라,
따뜻한 햇살이 되리라.

달이 떠오르면 나서리

하얀 달이 떠오르면, 옛 추억 젖은 채 가슴 설레며, 풀꽃 한 아름 안고 그대 찾아 나서리. 두근대며 나서리.

내 가슴 안의 당신을
내 영혼 속의 당신을
찾아 나서리.

하얀 달이 떠오르면 옛 추억 떠올라 한없는 그리움에 시집 한 권 소중히 들고 그대 향해 꿈인 듯 나서리.

내 가슴 안의 당신을
내 영혼 속의 당신을
찾아 나서리.

갈꽃의 노래

비어가는 가슴 움켜잡고
갈꽃의 외로운 노래가
넓은 들판으로 울려 퍼진다.

수많은 잊지 못할 그리움이
갈꽃 속에 촉촉히 스며 있고
때론 번민의 늪에서
허우적대며 외롭게 살아가는
갈증 나는 내 몸은
펼쳐진 갈꽃과 함께 일렁댄다.

흙먼지 갈꽃에 덮여도
무더운 여름 참고 이긴
노래가 산하에 흘러 넘친다.

안개가 내리니

하늘과 땅의 무량한 공간
소리 없이 안개가 내리니
나무, 길, 밭이
꿈속처럼 희미하네.

우리 동네 굽어보니
고운 눈가루 내리듯
우리나라 삼라만상 모두
촉촉히 적시네.

꽃의 찬미

달과 별의 속삭임 듣고
밤새 몰래 피어난 꽃
보일 듯 보이지 않는
성스러운 너의 속살.

꺼질 듯 보드라운
그리운 바람결에 일렁이는
부푼 사랑의 여심
아름다운 정적이여!

은은한 향 내음은
영원한 모성애의 극치
살포시 고개 숙여 피어난
여인의 참모습.

연날리기

점점 더 높이 나는 기분 좋은 꼬리연, 먼지 낀 이 내 몸, 붉게 녹슨 마음까지 바람 부는 언덕에서 조여진 매듭 풀 듯 연을 날린다.

들꽃의 향기 산야에 고루 흐르고 무변의 창공으로 한 가닥의 질긴 연은 사랑과 자유 향해 부푼 희망 가슴 안고 얼레를 푼다.

눈같이 흩날리는 아카시아 꽃잎 따스한 숨결이듯 보듬어 지상에 내리고 차분히 조심스레 맑고 밝은 이 땅에서 얼레를 감는다.

고향의 빈 집

낡은 슬레이트 지붕 고향집
추녀 밑에 집을 짓다 말고
생각 없이 날아가버린 제비
지난 날 가난하게 살았던
고향집 그 자리에 쓸쓸하다.

무너져 내린 담 밑에
주인 없이 구르는 돌들
아직도 남아있는 디딜방아
두레질로 퍼낸 세월.

논둑, 밭둑마다 우긋한 잡초
채 손길이 못 간 채소밭
바람결에 흔들리는 가녀린 배추 잎
점차 수몰되어 가는 산과 집
향수에 젖은 그리운 옛집.

들꽃을 바라보며

아무도 눈여겨보지 않는
들에 핀 들꽃이여
너는 아무런 말이 없구나.

베어내고 뽑아내도
비바람 일기 사나워도
굳건히 다시 살아나
그 자리에 정 붙이고 사는구나.

수만 여러 가지 꽃 중에
인적 드문 외롭고 가슴 시린
척박한 땅에 피었느냐?

그리움 가득 안고 피어
청아한 네 모습 행복하며
부러울 것 없이 보이니
오래도록 들꽃을 바라본다.

코스모스와 나

노래와 시를 주는
청초한 코스모스 앞에
침묵의 허수아비가 된다.

무슨 말을 할까,
찬바람 수렁대니
일렁이는 코스모스.

계절의 함성으로
기다렸던 찬 서리 눈치 채고
가는 가을이 아쉬운 듯

느린 걸음의 여인이
바람에 살며시 떨어진
코스모스 분홍 꽃을 줍네.

만추

저녁노을 붉게 타는데 감나무에 매어달린 쓸쓸한 감잎들 바람에 몸을 오들오들 떨고 있다.

추운 겨울이 닥쳐 올 것이라며, 눈 오는 문을 빨리 열겠다고 알려주는 계절이 수선스럽다. 석양에 남은 햇살 한줄기 빛으로 허공 사이로 곱게 쏟아내려 숨어든 늦은 저녁 신비하다. 무성하던 참나무와 오리나무도 좋은 꿈속에 늘어졌나, 세상모르고 곤히 긴 잠에 빠져든다.

어리석은 욕심일랑 모두 버리고, 보람된 내일을 가꾸고자, 잘 익은 씨앗으로 남으려 한다.

비목

잠이 든 깊은 적막
천천히 내려 앉아
앙금으로 깔려서

차갑게 아주 차갑게
설원에 꽂힌 목숨 하나
차가운 북풍 소리.

귓전에 듣는가
살아 숨쉬는 혈맥
흐르는 소리 들리는 듯

담담한 생명의 소리
고요한 달빛의 속삭임
다시 깨는 영혼이여.

노을이 지듯

강가에 노을 지듯
자연은 어김없이 흘러
가는 세월 아쉽다.

오는 세월 반겨 맞아
청풍명월 노랫가락
둥둥 신명나게 부르면서
거침없이 살고 싶다.

기우는 저녁 햇살
강가에 엷어지면
노을은 붉게 진다.

허허로운 바람 부니
꿈을 안은 부푼 가슴
산허리 굽이도는 물결
언제 봐도 새롭다.

황혼이 드는 호수

움직이는 양떼구름
호수에 그림자 드리우고
물결에 너울너울
바람이 그림자를 건드린다.

이름 모를 작은 새
숲 너머 훨훨 날아가고
호숫가에 서 있으니
찬바람에 볼은 시려운데
아물아물 희미한 시골 동네
호수 속에 내가 비친다.

옹기종기 멀리 보이는 집들
노을빛 붉게 젖어들고
어둠이 몰려오는 호숫가를
홀로 외로이 걷는다.

노을 지는 강가에서

해거름의 강줄기
저 혼자 소리 내다
저 혼자 돌아간다.

치마폭을 휘어 감고
계절 없이 흘러간다,
슬픈 사연 흘러간다.

찰랑찰랑 흐르는 강가에
작은 물새 한 마리
노을 누비며 날아간다.

땅거미 깔리는 강가에서
들국화 예쁘게
흐르는 강물과 산다.

비개인 뒤처럼

굳어버린 몸과 마음
비 개인 뒤처럼
산뜻하게 맑았으면 싶다.

집 뜰의 사철나무와 찔레꽃
모두가 바람결에
살랑살랑 일렁대며
푸른 나무도 빨간 예쁜 꽃도
함초롬히 젖어있다.

찌들고 녹슨 이 몸
자연 비로 닦아내고
아름다운 산야의
비 개인 이슬방울이
흔들리며 씻는다.

싱싱한 초록빛을 바라보면
마음속도 맑아지고
꿈결처럼 고운 세상이다.

가랑잎

무슨 미련 스몄기에 아직도 태울 가슴 남았나. 그 자리 못 뜨는 걸 보니, 겨우내 몸부림치다 눈 속에 묻힌 가랑잎.

가슴을 찢는 가랑잎, 계절을 앓는 가랑잎, 바람에 펄펄 날리다가 물결에 떠밀리는 가랑잎, 내 가슴도 한 장의 허허로운 가랑잎이다.

흙에 묻힐 내 얼굴 진득하게 기다리며, 외로운 가슴끼리 울다, 울다 지쳐도 꽃피는 새봄 기다리는 쓸쓸한 가랑잎.

단풍잎은 지는데

고운 하늘 아래
산자락에 남은 단풍
무정한 찬바람에
흩날리다 떨어져도
비명 없는 단풍.

싫어도 져야 하는
외롭고 허전한
자연의 섭리인가.

단풍잎은 계속 떨어져
발길에 채이는데
쓸쓸한 나는
흐르는 세월 속에
붉게 타며 서성인다.

낙엽이 하는 말

파란 잎 곱게 자라 찬란했던 푸른 젊음, 빛나던 짧은 생애, 길가에 떨어진 낙엽, 가야할 외로운 황혼 길이고 싶네.

어차피 바람결에 쫓기는 신세라면 단풍든 옷자락 펼치고 어디든 날아갈 수 있는 자유, 이방인의 길손이고 싶네.

떠나는 은행잎

못 이룬 꿈 남기고
바람결에 흔들려
갈 길 잊어 헤매던
노오란 은행잎

가지 끝에 매달리다
사랑의 눈물 쏟고
저무는 저녁노을
외로움과 슬픔에
날아가는 은행잎

이제 아쉬움 다 털고
바람 속에 움츠려 떨며
괴로움과 아픔 참고
멀리로 떠나야 하리.

강가에 서서

물줄기 모이면
세찬 힘 되어 흐르고
물은 더없이 겸손하여
낮은 데로 길을 연다.

그리움과 사랑
어지러운 세상사
만 갈래 시름 재워
햇빛 받아 반짝이며
도란도란 흐른다.

바람은 강물을 몰고
강물은 바람 안은
영원한 푸른 청춘.

넓은 강의 높은 꿈은
세월을 품어 안고
날으는 저 물새야.
나도 자유 찾아
너처럼 훨훨 날고 싶다.

나무 예찬

아름드리 한 그루 나무
높은 하늘 괴고 서기까지
백년 세월 걸렸는가.
천년 세월 걸렸는가.

무등 위에 무등 태워
마디마디 얽힌 사연
그리움에 흔들리는 잎
파르르 떨리는 숨결.

가지엔 한잎 두잎
날마다 못한 고백
행복한 나무와 나무
바람 타고 너울너울.

가는 비 오는 날엔
기다림은 초조하여
색깔로 펼쳐내니
푸른 하늘 푸른 숨결.

한가위

가고팠던 고향 땅
몇백 리 길을
핏줄 당겨 급한 마음에
객지 생활 뒤로 접고
양손에 선물 가득
한 걸음에 달려왔네.

일가친척 집안 어른
정 넘치는 이 아침
조상 위해 향불 피운
홍동백서 차례상
정성 담은 어머님의 손길
즐거운 아침 한 때.

할아버지 할머니 모신
그리움의 성묘 길.
잔 올리는 형제자매
우애 가득 넘치며
잊지 못할 회상에 잠겨
옛일을 그려보네.

겨울나무 예찬

북풍에도 고개 끄덕이다
하얀 눈을 입고서
묵은 기억은
가지 끝에 걸어둔다.

차가운 몸의 무게 잃고
그리움으로 일어서는 삭정이
향기도 숨결도
속으로 삭히고 있네.

바람이 없을 때는
침묵으로 제자리 지키고
계절의 변화에도 의연히
인고로 견디며

운명처럼 순응하고
돌아올 봄을 기다려
캄캄한 내 영혼 속으로
한 줄기 불빛을 가꾼다.

겨울 벌판에서

허허로운 겨울 벌판에
흰 눈이 소리 없이 쌓인다.
은빛 햇살 반짝반짝
하염없이 세월 가니
메마른 가슴속엔
무심히 흘러버린 추억의
그리움만 쌓인다.

쓸쓸한 겨울 벌판에
눈보라 차게 휘날리고
살아온 세월 눈 속에 묻고
삶의 외진 벌판을
아픈 가슴 안고
부질없이 걷고 있네,
끝없이 걷고 있네.

눈 쌓인 밤엔

늙은 모과나무
맥없이 서 있는 정원
바람소리 놀란 하늘에
얼어붙은 쪽달 하나

식어버린 가슴은
얇은 풍선처럼
힘없이 부풀어 오르다가
이내 하얀 시름이 된다.

동심의 천사 되어
눈사람 만들고 싶은
어렸을 적 맑은 가슴을
이 겨울에 다시 만난다.

시 형식의 변화에 담은 내면과 서정

—조혜식 19시집의 작품세계—

문학평론가 **리 헌 석**
(사) 문학사랑협의회 이사장

1. 교육자의 진심을 찾아서

소은(素恩) 조혜식(趙憓植) 시인은 1933년에 충북 괴산에서 출생하였으니, 이미 산수(傘壽, 80세)를 넘긴 분이다. 청주사범학교를 졸업하고 30여 년간 초등학교 교육자로 봉직한 후, 회갑 직전부터 시와 동시를 창작하여 20여 년간 눈부신 업적을 남긴 분이다.

시인으로 등단하기 전에 이미 두 권의 시집 『흘러간 내 그림자』(1989) 『갑사댕기』(1990)를 발간한다. 이어 1991년 『문학공간』 신인상을 수상하여 등단한 이후, 그는 시에 접신(接神)한 것처럼 수많은 작품을 창작하여 신문 잡지 동인지 등에 발표한다. 이 작품들을 모아 20여 년간 여러 시집과 동시집을 발간한다.

시집 『여인의 소망』(1991) 『생의 한 가운데』(1992) 『저 하늘

날고파라』(1993) 『여정에서—미국-동남아 편』(1994) 『산 따라 강 따라』(1996) 『깊어지는 정념 하나』(1996) 『여정에서—유럽 편』(1998) 『그대와 나의 노래』(1999) 『여정에서—뉴질랜드 호주 중국 편』(2001) 『산길 따라 물길 따라』(2003) 『더 큰 소망의 기쁨』(2004) 『믿고 깨달으며』(2005) 등을 발간한다. 이와 함께 동시집 『푸른 세상 푸른 꿈』(1995) 『웃는 얼굴 착한 마음』(1997) 『꿈을 키우는 아이들』(2007) 『맑고 밝은 어린이』(2010) 등을 발간한다.

그는 2005년 이후 빚은 시를 모아 2014년에 시집 『작은 나의 기쁨』을 발간한다. 이 시집의 작품들은 그가 평소에 주로 선택하였던 시의 정형성을 탈피한 것이 가장 큰 특징이다. 정형의 틀에 안주하였던 작품들이 개성적 얼굴로 독자들을 만난다.

버스나 병원에서
큰 소리로 통화한 적 있는지요?
볼륨을 올려 음악을 들었나요?

당신의 편안함이
옆 사람에게 불편을 준다면
나만을 위한 생각을
반만 줄이세요.

문을 열고 닫을 때
그 다음 사람을 배려하며
잠시 문을 잡아 주세요. 네?

—「배려하는 마음」 전문

이 작품을 일독(一讀)하면 동시처럼 보인다. 그러나 동시의 객체인 어린이보다는 일반 대중을 향한 서정적 호소라는 점에서 시집에 수록한 것 같다. 이 작품은 평소 그가 즐겨 원용하던 정형성, 예컨대 같은 길이의 행(行), 동일한 수의 행으로 이루어진 연(聯) 등의 형식에서 벗어나 있다. 행의 길이가 자유로워졌다. 이와 같이 작품의 형식에 파격을 도입하고 있는데, 때로는 산문시 형태를 취한 작품도 다수에 이른다. 이런 표현 양상은 조혜식 시인의 시 형식에 있어 보기 드문 변화이며, 이러한 변화는 긍정적으로 수용된다.

이 작품 한 편으로 긍정적 평가를 하는 것은 성급한 일이다. 그러나 그의 작품들을 미리 읽은 독자들이라면, 평자가 제시하는 작품들을 통하여, 새롭게 변화하고 있는 눈부신 감동을 확인하리라. 형식의 변화를 통하여 문학적 경지를 끌어올리고 있으나, 주제를 전달하기 위한 도구로서의 매너리즘을 맛볼 수도 있으리라. 그렇지만, 그가 전직 초등학교 교육자였다는 점, 그리하여 평소에 많은 이들에게 긍정적 주장을 펴고 있다는 점을 이해한다면, 이와 같은 작품들이 오히려 그의 서정적 진실에 가깝다는 것을 깨닫게 되리라.

80세 안팎에 느끼는 그의 정서는 남의 배려가 절실하였을 터이다. 버스나 병원에서 큰 소리로 통화하는 사람들, 볼륨을 높여 시끄럽게 음악 감상을 하는 사람들, 자동문이나 회전문에서 남을 배려하지 않는 사람들의 행동을 보면서 공중도덕에 대하여 염려하였을 터이다. 그런 과정에서 빚어진 작품이다. 이런 창작

현상은 조혜식 시인이 새로운 변화를 추구한 시심에 기초한다.

2. 아득한 그리움을 찾아서

청년은 꿈에 살고, 노년은 추억에 산다고 한다. 추억을 되새기는 일은 어려운 일이 아니다. 노고할 만큼 힘이 드는 일도 아니며, 특별히 돈이 많이 드는 일도 아니어서 자유로울 수 있다. 다만 추억을 예술 작품으로 빚어낼 때에는 독자성을 유지하는 것이 중요하다. 누구나 겪어 알고 있는 추억이라면 작품으로 빚어야 할 가치가 미약하기 때문이다. 평범한 작품은 독자들로부터 감동을 받기 힘들 뿐더러, 때로는 냉정한 평가에 위축될 수도 있기 때문이다.

조혜식 시인은 자신만의 추억을 시로 빚어내지만, 간결한 시어와 시 표현의 멋으로 일반성을 극복하고 있다. 개성적 표현이 뚜렷한 경우, 그야말로 밀물처럼 다가오는 감동을 공유하게 된다. 그가 빚은 작품들은 추억을 제재로 하여 놀라운 시적 형상화를 보인다.

찾아온 고향 집은
울도 담도 간 데 없고
적막이 세월을 휘감는다.

허허로운 빈터 되어
한 그루의 배꽃이
외로운 미소로 나를 반긴다.

아득한 시간 저 편에
변할 때로 변해 서성이다
빈 뜨락에 내려앉은

내 유년의 기억
어머니의 구성진 노랫가락이
바람결에 들린다.

—「옛집」 전문

그가 찾은 고향의 집은 상전벽해(桑田碧海)가 되어 있다. 울타리도 없어졌고, 일부 가옥을 지키던 담도 무너져 있다. 그 곳에서는 사람이 살아가는 소리나, 가축들이 소통하는 소리가 들리지 않는다. 그 상태를 시인은 〈적막이 세월을 휘감는다〉고 표현한다. 앞의 두 행은 누구나 추억 속에 남아있을 일반적 상황일 터이지만, 세월을 휘감고 있는 '적막'을 찾아내는 일은 아무나 찾아낼 수 있는 게 아니다. 이것이 조혜식 시인의 문학적 역량이다.

추억 속에서 기대하게 되는 사물들이 사라져 허허롭게 비어 있는 공간에서 꽃을 피운 배나무 한 그루가 외롭게 서정적 주체를 반긴다. 그리 오래된 세월이 아닐 터이지만, 이미 아득하게 흘러간 세월이다. 그래서 추억 속의 그림은 변할 대로 변하여 유년의 기억과는 판이(判異)하다. 이렇게 퇴색한 추억의 현장에서도, 어머니가 부르시던 구성진 노랫가락이 바람결에 들리는 것 같다. 〈빈 뜨락에 내려앉은/ 내 유년의 기억〉에 생생하게 들리는 〈어머니의 구성진 노랫가락〉은 환청(幻聽)일 터이지만, 시인에게는 추억의 중심으로 기능한다.

국화 꽃잎 하나 둘
쓸쓸히 떨어져 뒹구는데
오늘 따라 하늘나라 가신 어머니가
너무너무 보고 싶네.

철없던 젊은 시절
교단생활 엮어 갈 때
내 아이 넷 키우시랴
고생 많이 하셨던 우리 어머니

하늘 우러러 목매어 불러 보네.
가을비 주룩주룩
아픈 가슴 흠뻑 적실 때
천국에 가신 어머니.

—「보고 싶은 어머니」 전문

배꽃이 반기는 고향의 봄에도 어머니 생각에 눈물을 짓던 시인의 서정은 국화꽃 아름다운 가을에도 눈물을 짓게 한다. 늦가을일까, 국화 꽃잎도 하나 둘 쓸쓸히 떨어진다. 그날따라 시인은 하늘나라로 가신 어머니가 한량없이 그립다. 철없던 시절에는 어머니의 사랑과 고마움을 잘 모르게 마련이다. 부군(夫君)도 교직에 근무하던 분이어서 육아(育兒)는 시인에게 엄청난 시련으로 작용한다. 그때 자녀 넷을 잘 길러준 분이 바로 어머니시다.

그래서 추억 속의 어머니는 더욱 그리운 분이다. 불교 경전 중에 게송(偈頌)으로 일컬어지는 '부모은중경'을 보면 어머니는 회임하였을 때부터 자신이 성장하여 어른이 되어서까지 10가지 은혜로움을 베푼다고 한다. 그 중에서 9번째 은혜는 자녀가 어려운 일을 당하였을 때 베풀어주시는 은혜인데, 오늘날에는 자녀를 길러주는 은혜도 그 속에 수용된다. 이렇게 희생하는 분이 어머니여서, 시인은 어머니의 은혜를 잊을 수가 없는 것이다.

어머니에 대한 그리움을 잊을 수 없는 것처럼, 시인에게 도저히 잊을 수 없는 대상이 '독도'로 부상한다. 일제시대 왜인(倭人)의 억압 속에서 나고 자란 시인은 그들에 대한 저항의 대유(代喩)로 '독도'가 자리 잡고 있다.

수평선 저 너머
떠오른 섬 하나.

서러운 표적인가
살아있는 섬 하나.

한 목숨 깊고 깊어
아롱진 낭만

아득한 길 떠나는
일렁이는 파도.

출렁이는 걸음이
독도를 깨운다.

—「독도」 전문

바위로 이루어진 작은 섬이지만, 겨레의 자존심과 연계될 때 그 섬은 헤량할 수 없는 의미가 된다. 사진으로만 보았을 뿐, 가보지 못한 사람에게는 막연한 그리움일 터이다. 그러나 입도(入島)했던 사람에게는 더욱 새롭게 다가서는 그리움이게 마련이다. 어떻든 그리움으로 남아 있는 독도는 시인의 내면에 살아 있는 섬이다. 시인은 독도에 이르기 위해 아득한 길을 떠나 일렁이는 파도에 몸을 맡긴다. 수평선을 바라보면서 깊은 생각에 젖어 있을 때, 출렁이는 파도가 시인을 깨워 독도와 만나게 한다. 한 목숨 바쳐 지키고 싶은 절실한 사랑, 그 사랑을 되새기며 시인은 〈수평선 멀리/ 떠 있는 그대 눈빛〉을 다시금 그리워한다.

이렇듯이 조혜식 시인은 충만한 그리움으로 시를 빚는다. 군더더기 하나 없을 정도로 정제된 시어를 통해 아름답고 오롯한 서정을 빚어낸다.

3. 눈부신 깨달음을 찾아서

조혜식 시인은 20여 년간 지켜오던 시의 형식을 새롭게 인식한다. 다른 시인들이 항용 선택하던 시 형식이었는데도, 그는 눈 한번 돌리지 않고 일관된 형식을 지킨다. 자신의 선택을 변함없이 추구하며, 그것이 최선의 지향이라고 자기화한다. 그러던 그가 산수(傘壽)를 넘겨 발간하는 19번째 시집에서 과감하게 변화를 선택한다. 일반화된 시 형식을 갖춘 작품이 대부분이지만, 평소에 애써 외면하던 산문시 형식의 작품도 여러 편에 이른다. 또한 산문시 형식과 일반 시 형식을 융합하여 새로운 변화를 추구한다.

이러한 변화는 여러 예술 양식에서 영향을 받은 것 같다. 특히 대중가요라고 일컫는 가사 형식은 7-5조, 민요조 등의 '정형시' 형식을 취한다. 그렇지만, 젊은 음악인들이 부르는 K-POP에서 유행하는 '랩'은 '산문시'와 동질적이다. 일부는 두 성향의 조합으로 이루어지기도 한다. 일반 가요처럼 노래를 하다가, 랩으로 의미를 전달하다가, 다시 가요처럼 부르기도 하는 최근 대중가요의 형식을 수용하여 작품화한다. 이렇게 빚은 작품이 여러 편이다.

살아 있다는 기쁨도 모른 채, 그저 흘러만 가는 무심한 계절, 얼마나 오랜 세월 흘렀나.

목련이 피어나는 4월,
수줍은 가슴 여미다가
활짝 피어나는 순수.

하늘가로 소풍 가는 구름들, 땅과 공간은 온통 눈부신 목련이 미소 짓는 생의 희열이 넘친다.

올올이 뿜는 숨결,
맑은 눈빛으로 다가서는
저기 저 소망의 노래.

—「목련은 다시 피고」 전문

이 작품은 랩과 같은 산문시 형식(1연)과 일반 가요와 같은 시 형식(2연)을 융합한 작품이다. 과거에는 이와 같은 선택을 엄두도 내지 못하였을 정도로 파격적인 시도이다. 그러나 시인은 해마다 피던 목련이고, 해마다 다시 피는 목련을 보면서, 이와 같은 형식이 가장 적합하다고 판단한 듯하다. 피어나는 목련을 보면서, 그는 생의 의미와 세월의 흐름을 자각하지 못하였다는 고백을 자연스럽게 '랩'으로 표현한다. 그러다가 〈수줍은 가슴 여미다가/ 목련이 피어나는 4월/ 활짝 열리는 순수〉를 '가요'처럼 노래한다. 이와 같은 형식이 반복되어 새로운 미적 구조를 생성(生成)한다.

이와 같은 표현 양식은 시의 구조를 새롭고 튼튼하게 변환한다. 의미를 중하게 여기는 작품에서도 이러한 적용이 이루어진다. 앞선 두 연(聯)의 형식을 반복하여 의미를 더욱 강하게 제시하는 효과를 거둔다. 대조적인 심상을 표현하는 형식이지만, 그 효과는 동일하다.

> 지붕의 이엉을
> 엉성하고 어설프게 이으면
> 비가 오면 곧 샌다.
>
> 뜻을 굳게 단속치 않으면
> 마음의 욕심이 생긴다.
>
> 지붕의 이엉을
> 촘촘하게 튼튼히 이으면
> 비가 와도 새지 않는 것처럼
>
> 뜻을 굳게 지니고 행하면
> 작은 욕심도 없어진다.
>
> —「지혜를 일깨워」 전문

어떠한 일을 행할 때에 대충대충 하지 말고 꼼꼼하고 분명하게 시행하라는 감계(鑑戒)를 담아낸 작품이다. 그러나 이 작품의 비유적 제재는 시대성과 거리가 있어 보인다. 비유적 보조관념으로 등장한 '이엉'은 초가의 지붕을 덮는 중심 자재이다. 시인의 생활 환경에서는 자주 접할 수 있는 '이엉'이었을 터이지만, 최근에는 관광지나 유적지 정도에서나 볼 수 있는 자재이기 때문이다.

'이엉'은 지붕 전체를 둘러싸는 자재이다. 지붕의 아래쪽 끝에 맞추어 이엉을 두르고, 그 다음은 아래쪽 반 정도의 여분 길이를 두고 한 바퀴 돌린다. 같은 일을 반복하여 지붕 꼭대기까지 오르면, 용마루(용고새)를 얹어 마감한다. 용마루와 이엉의 위를 새끼줄로 얽어 완성한다. 이렇게 하면 비가 내려도 지붕 표면에 있는 이엉으로 빗물이 흘러 방이나 마루 등에 스며들지 않는다. 따라서 이엉을 잘 엮는 것은 기초를 튼튼하게 하는 것이고, 이와 같이 기초를 튼튼하게 하는 것이 요체(要諦)다.

그런 의미를 시에 담아내기 위해 고심한 시인의 내면을 확인하게 된다. 이렇듯이 시에 교훈을 담아내는 것처럼, 그는 시에 철학을 담아내는 형상화에도 뛰어나다. 이럴 경우에도 그는 형식의 독자성을 추구한다.

생로병사의 몸부림이다.

병고의 많은 시름도
인생의 외로운 아픔도

참음으로 굳세게 견뎌가는
인고의 움직임이다.

세월을 보내는 서글픔을
한 가닥 바라는 소망에
기다리며 사는 삶은
돌아가는 수레바퀴이다.

끝을 모르는 여정이다.

—「삶이란 무엇인가」 전문

기독교 신자인 그이지만, 인식의 저변에는 불교가 자리한 듯하다. 그가 생각하는 '삶'은 〈생로병사〉와 닿아 있다. 사람으로서 받는 고통의 가장 근원적인 것이다. 결국 이러한 고통을 참으며 사는 〈인고의 움직임〉이 '삶'이며, 이는 운명적으로 순환되는 수레바퀴와 같다. 그리하여 고통을 통한 〈끝을 모르는 여정〉이 바로 인생이라는 데에 이른다. 생명이 있는 존재는 모름지기 이 구조에 귀속된다.

특히 괴로움의 진리, 괴로움이 일어나는 원인에 대한 진리, 괴로움이 소멸하는 진리, 괴로움의 소멸에 이르는 과정의 진리 등을 '사성제'라고 한다. 이는 현실의 고통에서 벗어나 진리를 구현하는 수행의 길이기도 하다. 사성제의 고통을 '집성제'라고 하며, 이를 극복하여 열반의 세계를 지향하는 것이 '멸성제'인데, 이에 이르는 여덟 가지 바른 수행의 길을 '팔정도(八正道)'라고 한다. 조혜식 시인은 팔정도를 실천하려는 자세로 바르게 생활

하여 선한 사람으로 정평이 나 있다.

4. 시의 감동을 찾아서

시는 감동이다. 시 뿐만 아니라 문학을 비롯한 예술 작품은 감동을 수반하여야 한다. 예술은 작품뿐만 아니라, 행위까지도 특별한 감동을 바탕으로 한다. 이를 좀 더 확대하면, 일상생활에서 주고받는 대화에서도 감동을 담아내어야 박수를 받는다. 시는 짧은 언어로 큰 감동을 빚어내기 때문에 가장 높은 수준의 언어예술이라 일컬어지고 있다.

그렇다면, 19권의 시집을 통하여 조혜식 시인이 추구하는 시의 모습은 어떠한 것인가? 그 중심으로 유도하는 작품이 「아름다운 시」 다. 예술을 한 마디로 말할 때 '미적 구조'라고 한다. 많은 시인들이 시로 쓴 시관(詩觀)에서 자신의 지향을 밝히고 있으며, 그 작품을 통하여 자신의 문학관을 분명하게 견지한다. 조혜식 시인의 시관(詩觀) 역시 형상화가 잘 되어, 작품에 그의 내면을 분명하게 반영하고 있다.

아름다운 시는
투명한 진실과 꿈으로
깊은 감동 가득한
생명력이 있다.

이슬 맺힌
눈물이 되었다가,

뜨겁게 가슴 타오르는
모닥불도 되었다가,

그리움으로 가슴 찡한
맑은 영혼들의
울림이 있다.

—「아름다운 시는」 전문

시인이 생각하는 '아름다운 시'는 삶의 진실을 담고 있어야 한다는 것이다. 더불어 아름다운 꿈을 노래하여 감동 가득한 생명력을 지녀야 한다고 주장한다. 이와 같은 주장은 대부분의 시인들이 이를 수 있는 수준에 다름 아니다. 그러나 2연의 〈이슬 맺힌/ 눈물이 되었다가/ 뜨겁게 가슴 타오르는/ 모닥불도 되었다가〉에서 보여주는 구체화는 시의 의미를 명징하게 한다. 그리하여 그가 견지한 사유(思惟)의 결실이라는 점에 이르러 놀라운 감동을 만나게 된다. 그에게 다가선 '그리움'은 가슴까지 찡하게 하는 〈맑은 영혼들의 울림〉이며, 이것이 바로 문학예술에서 얻을 수 있는 가장 큰 감동이다.

조혜식 시인의 19번째 시집 『작은 나의 기쁨』을 감상하고, 놀라운 감동을 수반한 독서였음을 밝히며 간략하게 정리한다. 조혜식 시인은 오랜 기간 지속적으로 견지하던 정형시 형식보다 현대 예술이 지향하는 다양성을 수용하여 감동적인 형상화를 보이고 있다. 과거에 집착하던 시 형식에서 탈피하여, 행과 연이 자유로워진 시, K-POP의 랩과 같은 산문시, 이러한 요소들을 융합한 시 등을 통하여 문학적 내면화에 성공하고 있다. 그리하여 시인이 지향하는바 교훈과 표현의 절묘한 조합, 서정과 지향의 치밀한 융합 등으로 인해 놀라운 성취를 이루고 있다.

그리하여 산수(傘壽, 80세)를 넘긴 그의 내면과 서정이 더욱 건실해지고, 앞으로 연연익수(年年益壽)하여 헤아릴 수 없을 정도로 큰 감동을 생성하리라 믿는다. 이런 소망으로 그의 작품 기행을 맺는다.

19집을 엮고 나서

우리가 살아가는 공간 속에서 가장 살맛나는 것이 있다면, 그것은 자기 자신이 좋아하는 것, 자신이 많이 노력하는 일, 적성에 맞고 취미에 맞고 잘할 수 있는 것, 이런 일을 꾸준히 하는 것입니다. 그리하여 결과가 나왔을 때 보람이 크고 행복도 큽니다.

평생 부족한 딸을 위해 고생하시며 살아오신 친정 어머니에 대한 그리움으로 시를 지었습니다. 한세상 살아가는 여러 측면에서 희망, 꿈, 행복 등의 생각을 엮어 보았습니다. 앞으로도 건강이 허락하는 한 열심히 쓰겠습니다.

2014년 3월

저자 조 혜 식

작은 나의 기쁨

조혜식 제19시집

발 행 일 | 2014년 3월 25일
지 은 이 | 조혜식
발 행 인 | 李憲錫
발 행 처 | 오늘의문학사
출판등록 | 제55호(1993년 6월 23일)

주 소 | 대전광역시 동구 대전로 867번길 52(삼성동 한밭오피스텔 401호)
전화번호 | (042)624-2980
팩시밀리 | (042)628-2983
홈페이지 | http://www.lito77.co.kr(홈페이지)
전자우편 | hs2980@hanmail.net

공 급 처 | 한국출판협동조합
주문전화 | (070)7119-1741~2
팩시밀리 | (031)944-8234~6

ISBN 978-89-5669-605-8
값 10,000원